AF349239

Diana Bellessi

La edad dorada

Adriana Hidalgo editora

la lengua / poesía

Editor:
Fabián Lebenglik

Diseño de cubierta e interiores:
Eduardo Stupía y Pablo Hernández

© Diana Bellessi, 2003
© Adriana Hidalgo editora S.A., 2003
Córdoba 836 - P. 13 - Of. 1301
(1054) Buenos Aires
e-mail: adrianahidalgo@speedy.com.ar

ISBN: 987-9396-88-X
Hecho el depósito que indica la ley 11.723

Impreso por
Grafinor s.a. - Lamadrid 1576 - Villa Ballester,
en el mes de mayo de 2003
Ruff's Graph Producciones - Estados Unidos 1682 3ro

Impreso en Argentina
Printed in Argentina

FORMAS DE LA GRACIA

La vasta obra de Diana Bellessi, además de su extraordinaria potencia lírica, posee un atributo poco común: la de conformar un sistema poético. El lector que recorra el conjunto de sus libros habrá de percibir entre ellos una trama reflexiva que los relaciona y organiza, por la cual la totalidad responde a un orden creciente y complejo, que además permanece abierto a diversos cambios. Así, cada nuevo libro de Diana Bellessi perfecciona y a la vez modifica ese sistema, indagando aspectos que el libro anterior no había agotado pero, sin embargo, previó con holgura. Por supuesto, *La edad dorada* confirma ese carácter, lo amplifica y, en muchos sentidos, lo lleva a su plenitud.

Acaso uno de los ejes que recorre dicha serie sea el de reconocer las condiciones materiales y a la vez trascendentales de la enunciación poética de la belleza. Lo que llamo *enunciación poética* corresponde, por un lado, a la proyección imaginaria de la voz de un sujeto lírico y, por otro, a la aspiración, al deseo del poema por conformar lo que en otra parte llamé una "utopía del habla" (en el prólogo a la antología de Bellessi, *Colibrí, ¡lanza relámpagos!*, Buenos Aires, Libros de Tierra Firme, 1996). Al decir *habla*, no aludo a una oralidad efectiva o específica, ni siquiera a una poesía coloquialista. En la medida en que se trata de una escritura poética que manifiesta sus lazos con una cultura "culta" –que Bellessi, por cierto, siempre pone en entredicho, pero que a la vez asume–, se trata de una oralidad segunda y mediatizada, para usar los términos de Paul Zumthor. Es decir, el poema escrito recompone la oralidad como una dimensión imaginaria que, a menudo, alcanza la vastedad de un ideal, un deber-ser del poema que transforma la voz en *canto*. Asimismo, se trata de una poesía que explora, en la figura de un sujeto imaginario no unificado ni jerárquico, sino diseminado y plural, *otra* enunciación. Esa enunciación divergente toma siempre el lugar del que se halla fuera de la ley –de la ley del padre, de la ley dominante, de la ley consuetudinaria, entre otras: mujer, *outsider*, oprimido. Como en un calidoscopio que recombina su aparición, la otra enunciación es para el sistema poético de Bellessi el habla femenina, aunque puede transformarse en lo materialmente femenino del habla en tanto lengua materna, o también amplificarse hasta buscar las huellas orales del sustrato étnico de nuestro lenguaje. En diversos ensayos de su libro *Lo propio y lo ajeno* (Buenos Aires, Feminaria, 1996), Bellessi enumeró los alcances de esta utopía del habla como presupuesto de la enunciación poética. Desde la "voz de las mujeres" que se pone en juego en la antología de las poetas norteamericanas que compiló hacia 1984, pasando por aquellas reflexiones del ensayo "El poema eres tú", de 1988 –donde se lee: "Bajo cada épica escrita, pulsa y susurra su contratexto: la voz de los vencidos, o de quienes nunca alcanzaron siquiera enunciado alguno en la categorización de los vencedores. En él, el habla y la escritura de las mujeres"–, hasta el gran rumor, el susurro de las voces que vuelven en lo arcaico como un roce en el corazón poético, manifestado en el ensayo "Reocupación de la escena", de 1994.

La utopía del habla en el poema funda, en primer lugar, ese espacio suplementario donde las voces subalternas se reúnen en la ilusión de una voz imaginaria que torna a hacerlas circular, que las convoca y aspira a volverse una más entre ellas. En segundo lugar, proyecta el poema como un espacio indecidible –por lo tanto, utópico– donde las voces reaparecen en el espejismo de una escritura que "escucha" sus ritmos, sus cadencias, en cierta inocencia de la repetición. En tercer lugar, transforma el poema escrito en canto cuando se vuelve, a la vez, memoria, ritmo y vocablo que imanta una música comunional.

Las condiciones materiales de esa enunciación lírica corresponden a otro ejercicio imaginario: el de la mirada poética. Una mirada lanzada al mundo que halla en él las formas que le reserva el paisaje, tanto en su vasta multiplicidad como en sus mínimos tesoros. El paisaje no debe entenderse como una mera escenografía referencial de lo terrestre, sino más bien como un campo de sentido y a la vez como una escena imaginaria: geografías de la lengua poética, naturaleza proferida, materialidad íntima de una dicción. Si en la poética de Bellessi hallamos una "utopía del habla", también sería posible percibir una "ética de la mirada". Esto ya se hizo evidente en un libro temprano, el notable *Tributo del mudo* (Buenos Aires, Siriri, 1982) que debe ser necesariamente vinculado al contexto histórico de la dictadura en la Argentina, entre los años 1976 y 1983. Ese contexto es el de un espacio público donde dominaba una discursividad punitiva que creó la figura de la desaparición forzosa de personas, donde la condición misma de visibilidad pública estaba corroída y donde se hallaba trastornado el lenguaje social, cuya constelación de significados traficaba con el genocidio. Una lengua que ordenaba enunciados de culpabilidad y condena para hacer desaparecer, es decir, para hacer "invisibles" a los presuntos "culpables". La lengua poética de esos años debió dar cuenta, con diversos procedimientos, de esta terrible oscuridad del sentido. El tributo del mudo, correlato de la poeta muda que no puede escribir y se ve acorralada por un régimen de terror, consiste en sanar esa mirada baldía mediante un puntilloso ejercicio de ensoñación visual, como si el ojo se lavara en un bautismo de aguas lustrales hacia una aurora del mundo. Creo que de este preciso momento histórico data la vocación de la poesía de Diana Bellessi por el detalle, la minuciosa, acariciosa visión de la naturaleza como ámbito grávido de pura materialidad y al mismo tiempo de presencia. Por ello, es probable que su poesía no sea objetivista, sino más bien *inmanentista*: el ojo de Bellessi no ve las cosas como objetos, sino como rostros vueltos hacia su atención. La mirada construye ese campo de sentido y, en la medida en que lo realiza como imagen, lo confirma en el mundo, lo comparte en lo humano y lo celebra en lo santo . "La mirada inmanente (...) –escribe Bellessi– coloca al yo del que escribe abierto en su vulnerabilidad, participante en la naturaleza, afectándola y afectado por ella –y este es quizás el misterio del diálogo–, entra el espacio del detalle, de las pequeñas cosas". El desarrollo acaso más consciente de esta poética tuvo lugar en *El jardín* (Rosario, Bajo la luna nueva, 1992), aunque será retomado en *Sur* (Buenos Aires, Libros de Tierra Firme, 1998) y profundizado en *La edad dorada*.

Así como el humus cultural de *Sur* fue el pensamiento étnico y las culturas arcaicas de América, el de *La edad dorada* es en gran medida un cristianismo acentuado en sus rasgos mitológicos. El gesto proviene, una vez más, de la coherencia del sistema poético de Bellessi que, en la dialéctica de lo propio y de lo ajeno, percibe en tensión los presupuestos de una visión del mundo amerindio en su sincretismo religioso, ese injerto mutuo dado entre el pensamiento mítico de las culturas indígenas y la religión cristiana que impuso la conquista y diversificaron los inmigrantes. Por ello, nunca debe entenderse el humus cristiano de *La edad dorada* como una conversión más o menos obediente a las razones del dogma católico, sino como la referencia cultural de ese horizonte al que se abre la religiosidad americana –que por cierto ya estaba presente en *Sur*, por ejemplo, desde la figura de la Virgen Annunziata. En tal sentido, puede inferirse, por los motivos que prevalecen en uno u otro volumen, que si la Natividad domina *Sur*, la Pascua –con sus componentes de muerte y redención– alienta, como veremos más adelante, en *La edad dorada*.

Si bien la forma más antigua de la leyenda de la Edad de Oro se halla en Hesíodo, otro de los más tempranos antecedentes poéticos occidentales proviene de una lectura cristiana de Virgilio, cuando interpreta el enigmático sentido de la cuarta égloga, en el 40 a. C. –aquella donde se lee *iam redit et Virgo*, "retorna la Virgen". La Edad de Oro es un estadio de regeneración y renacimiento del mundo o, mejor dicho, la instauración de un mundo nuevo. Virgilio unía los signos específicos del retorno mítico de una edad de oro, sin sangre ni sufrimiento, al nacimiento de un niño que se volvería un dios y gobernaría el mundo en una paz duradera. El poeta no especificaba la identidad del niño, pero mientras los investigadores más ortodoxos lo señalaron como el hijo del cónsul Asinio Polión, los intérpretes cristianos percibieron el poema como una presciencia del nacimiento de Jesucristo. La elección de Virgilio como Guía en la *Commedia* dantesca responde a esta vasta tradición occidental que relee la Edad de Oro en clave cristiana. Esta edad dorada corresponde, entonces, al tiempo de la salvación y, en consecuencia, a la redención. Dicho lazo abre el otro gran tema cristiano que recorre, como alusión, este libro de Bellessi desde su poema inicial: *kháris*, la "gracia".

En la concepción cristiana, la redención presupone la alianza entre Dios y el ser humano, por lo cual, como predicó San Pablo, la gracia de Dios entra en la experiencia humana a partir de la salvación de Cristo, "por quien tenemos acceso a esta gracia". Es por ello que la gracia se reconoce como la consumación sobrenatural de la naturaleza humana, por un lado, y como un vínculo unitivo en el diálogo con la divinidad desde la existencia histórica redimida, por el otro. Al mismo tiempo, los dones de la gracia no sólo son otorgados para el vínculo personal del hombre con Dios, sino también para la edificación de la comunidad. Es decir, la realización individual de la gracia presupone la integración comunitaria: "Y a cada uno se le otorga la manifestación del Espíritu para común utilidad", escribió San Pablo en la primera epístola a los Corintios. No es casual que Pasolini eligiera la figura de San Pablo –el gran comunicador de la gracia divina en el *Nuevo Testamento*– para reunir esos ámbitos del misterio divino con la experiencia histórica. En los fundamentos de un proyecto de film sobre San Pablo, Pasolini esperaba revelar la contraposición de actualidad y santidad: "el mundo de la historia que, en su exceso de presencia y urgencia, tiende a huir hacia el misterio, hacia lo abstracto, hacia la pura interrogación, y el mundo de lo divino, que en su religiosa inmaterialidad, por el contrario, desciende entre los hombres, se hace concreto y operante", escribió.

Todos estos aspectos del cristianismo resuenan libremente en *La edad dorada*, no sólo en la línea de esta última interpretación de Pasolini sino también, de un modo explícito, en las reflexiones de Simone Weil o de Emmanuel Levinas. Dichas lecturas –un único epígrafe de Weil, por ejemplo, precede el libro– constituyen una nueva articulación de aquellas cuestiones que el sistema poético de Bellessi sostuvo desde su inicio: el vínculo entre lo sagrado y lo histórico y, más específicamente, la redención del otro como don de la gracia poética. Cuestiones que la impronta cristiana de *La edad dorada* no cesa de aludir, aunque siempre en una perspectiva no dogmática, como lo prueban sus vínculos con el pensamiento de dos judíos heterodoxos como Weil o Levinas. No abundaré en la descripción de tales vínculos, pero baste señalar someramente que, en ambos casos, se trata de acentuar la apertura al otro en su condición de prójimo. En Weil, a través de la idea de obligación hacia los otros como un deber sagrado, y en Levinas a través de lo que denomina *cara* en la visible aparición del otro, que se vuelve "epifanía" de una divina Alteridad.

Sin embargo, otro aspecto nada menor de esta referencia cultural de *La edad dorada* debe señalarse a la luz del sistema poético de Bellessi, como antes anticipé: su carácter sincrético, que a la vez conlleva rasgos populares, vinculado a cierta interpretación del cristianismo mitologizante e, incluso, animista. Veamos dos ejemplos: los elementos comunes del mito guaraní de la aldea sin mal (Ivimarae'i) que aparece en *Danzante de doble máscara* (Buenos Aires, Último Reino, 1985) y reaparece en *Sur*, con el mito del regreso de la edad dorada, que al fin de cuentas responde a un modelo temporal cíclico y no lineal como el de la concepción judeocristiana; o bien las coincidencias y equivalencias sincréticas del mundo amerindio en numerosos versos, tales como "plena madonna de la tierra/ toda de luz preñada", donde la Madre virginal italianizada de la inmigración se superpone a la figura de la Madre Tierra, o la Pachamama. Podría afirmarse que este cristianismo explorado por Bellessi guarda una relación estrecha con aquello que Mircea Eliade llamó "cristianismo cósmico" en su libro *Aspects du Mythe* (traducido como *Mito y realidad*, Barcelona, Guadarrama, 1968). Corresponde a una teología popular no institucionalizada, propia de comunidades rurales, en la cual la Navidad, los milagros de Cristo, la crucifixión y la resurrección son los temas centrales, en torno de la salvación del ser humano por el redentor. Este cristianismo popular se halla dominado por la creencia en una Naturaleza buena y santificada y una consecuente nostalgia del Paraíso, que expresa asimismo un ideal de justicia, una rebelión contra los males de la Historia en su continuidad de terror y de dominio. Es entonces este cristianismo unido a un pensamiento mítico, ya presente en *Sur* y que de algún modo constituye su contracanto, el que pervive en *La edad dorada*. No es el que prescribe la doctrina, sino el que sostiene la visión de los humildes donde los mitos del pasado se reúnen con la escatología cristiana: "Eucaristía,/ el nuevo mundo descansa en el antiguo/ y no es sólo de palabra porque viviente/ la ilusión y siempre falsa la edad/ de la razón, cuando al frente o detrás// se yergue la edad dorada".

Mencionado someramente este contexto conceptual dominante en *La edad dorada*, sería posible citar algunos presupuestos de la poética de este libro. En primer lugar, debe subrayarse la acentuación de los aspectos rítmicos y eufónicos que ya se habían adoptado en *Sur*: el uso de patrones métricos, de esquemas rítmicos, de una música verbal que en mayor o menor medida alienta en los poemas, revela la recuperación –nada inocente en su uso, aunque cierta gala de la inocencia la acompañen como ideal– de una voluntaria asimilación al canto. Pero si el lector recorre muchos de estos poemas en el vaivén de su prosodia, advierte en parte un segundo ritmo, asordinado y lineal, que irrumpe en la anterior armonía con frecuentes arritmias. Se trata del aspecto ricamente conceptual, el discurrir, el "hacer discursos" metapoéticos, que compone siempre el sistema mismo de Bellessi. Esta pugna entre dos ritmos –la regularidad del canto y la arritmia del concepto– genera una duplicidad tensa en el poema, que oscila entre ambos y que es irónicamente tematizada en estos versos: "Al airecito,/ melodía de agua/ que canta siempre/ su canción, se opone/ ¿o acompaña?,// el pensamiento/ como abejorro espeso/ que nunca cesa/ zum zum de hacer discursos/ cargando el aire". Puede afirmarse que dicha duplicidad irresuelta y simultánea funciona en diversos niveles como una matriz que vertebra todo el volumen y supone uno de sus rasgos esenciales. Ya que incluso lo conceptual se bifurca en nuevas relaciones y el canto se diversifica en múltiples tonos. Pero no debe olvidarse que esa dialéctica no es para Bellessi un binarismo, sino siempre la aspiración –nunca la realización, porque sigue siendo nostalgia o promesa– a una condición tercera, que no es lo uno ni lo otro, ni lo propio ni lo ajeno, y acaso sólo tiene lugar, o al menos un lugar eminente, en el espacio imposible del poema. Imposible en tanto se presenta como un escándalo para la razón identitaria, que halla en la gracia su otra razón de ser: "única voz/ del poema que sutura/ por su música, su acento,/ aquella antigua herida/ humana, lo separado/ por el tiempo". Y aquí es donde, precisamente, se precipita el contexto conceptual del cristianismo en *La edad dorada*: en la constitución de una mirada poética que se concibe como un don de la gracia y, en consecuencia, no sólo crea y afirma en lo real los vínculos trascendentes con lo divino sino también, en un mismo movimiento, sutura los extravíos de la individuación y redime históricamente al prójimo. Esos movimientos son despliegues de un mismo impulso, que resignifica tanto la utopía del habla como la ética de la mirada –la cual, particularmente, es un motivo central de este libro.

Esa síntesis meditan estos versos: "Ha llegado el instante/ de la antigua epifanía, cuando habla/ lo mirado, no quien mira".

En segundo lugar podríamos precisar algunos aspectos del imaginario poético puesto en juego en *La edad dorada*. Allí el mundo real es la manifestación del cuerpo divino. Mundo sagrado que también puede pensarse como *inmanencia* de la divinidad, o como huella de un dios que se ha retirado, según lo concibe Simone Weil: la creación se realizaría en la medida en que Dios se autooculta porque de otro modo nada habría que no fuera Él mismo. De allí la figura del "vacío orlado por la forma" o el vacío como "cáliz de la forma". El mundo, entonces, realiza su inmanencia sagrada en la belleza, es decir, en el esplendor de las formas, en la "filigrana del detalle", en su "gracilidad".

La forma constituye una fuente del sentido y una finalidad de la materia; es, de algún modo, un sentido potencial en vías de realización, ya que para completarse como plena belleza del mundo debe ser, en efecto, significante. Por ello, toda forma necesita ser, primor-dialmente, contemplada. Así la mirada "celebra", "consagra", "unge" las formas. Es decir, vuelve sacramental lo visto, lo sitúa como sagrado mediante un puntilloso trabajo de identificación concreta y unitiva: la mirada "capta", "borda", "sutura" lo separado. Significa entonces que toda mirada es un don de la gracia: el acto que en primer lugar asegura la alianza entre el cuerpo divino del mundo y el ser humano. Como don de la gracia, la mirada presupone y perfecciona la naturaleza y, por lo tanto, es la piedra de toque del diálogo con la divinidad. De allí que se alude a una "ayuda mutua", una mutua responsabilidad en sostener la belleza eterna del mundo en el feroz torbellino de la duración. Por ello la mirada es definida como *la gracia sobre las formas*. Y aquí se abre el segundo momento de la mirada: su carácter hablado.

Para realizar el sentido de la forma, la mirada debe volverse voz: la hierbecita que en los ojos se habla, el murmullo en siena que se despliega en el jardín, la seda de la noche que rasga su voz de zorzal. "Habla lo mirado" que se vuelve, también, imagen hablada en una serie especular: el venero como espejo del verso y la imagen como venero del mundo.

Pero en *La edad dorada* no hay mirada ni voz sin sujeto: se trata de "captar lo visto en los ritmos de la mano". Este segundo momento revela que para que la mirada se convierta en la gracia de las formas, debe realizarse en el arte, constituirse por ejemplo en los poemas como *forma de la gracia*. Mirada formadora, es en su doble imaginario donde el mundo se completa, o alcanza siquiera el sustituto metafórico de la "antigua epifanía", cuando palabras y cosas se hallaban unidas por un mismo relámpago. Es el "nombrar esta belleza/ cuando esté sostenida con el corazón", hacerse "eco de lo múltiple", mentar "lo transparente cincelado en una música". El yo lírico, el sujeto imaginario del poema es el que enuncia la imagen hablada. Y se diría que al volverse imagen de lo creado, al celebrar las formas en la intimidad del corazón, el sujeto se pierde como individualidad y se salva como sostén del mundo. Lo real, reza esta poética, soy yo: lo real es un cuerpo divino: yo participo del cuerpo sagrado como en una eucaristía del mundo. El poema es un don: forma de la gracia.

El sujeto lírico ejerce así su simpatía respecto del mundo al ser, simultáneamente, "imagen de lo creado y de su creador". Esta entrega a una radical alteridad se transforma, a la vez, en *compasión*: "yo soy tú". En la medida en que el mundo se ofrece a la mirada, se vuelve a la vez rostro del que mira. Sólo en otros ojos se revela como tal, en su pura actualidad: es en ese mutuo descubrimiento del prójimo donde se sostiene lo real, además de hacerlo en la contemplación del esplendor de las formas. O mejor: es esa contemplación la que devela lo real como una multiplicidad de formas que son rostros o como una cara única que mira al contemplador y lo reclama. Los ojos diseminados que denotan el cuerpo divino. La presencia del mundo en la mirada es "cristal donde vemos el rostro del otro y el propio". Aquí cobra sentido el epígrafe de Simone Weil: "Sólo se tienen deberes. Nuestro derecho es el deber del otro". Se trata de una responsabilidad social que participa y sostiene el orden sagrado de la existencia. Por consiguiente, hay en este orden una obligación ligada al libre albedrío: no sólo confirmar la sacralidad de lo real, sino realizarla en el cumplimiento de lo que Weil llamaba "el destino eterno del ser humano". Estas obligaciones guardan relación con los dones de la gracia, son incondicionadas y sin embargo, aunque espirituales, están muy lejos de ser abstractas. Ya que el respeto por ese destino eterno redunda en una obligación real hacia las necesidades terrestres del ser humano, como eliminar el hambre, por ejemplo: "Es pues –escribe Weil– una obligación eterna hacia el ser humano no dejarlo padecer hambre habiendo ocasión de socorrerlo". Por ello, como en el pensamiento de Weil, la poesía de Bellessi concibe la mirada como gracia y a la vez como deber, de resonancia social y política. Se produce en un *ver-se*: en el mundo circundante del que participa, en el sí mismo y a la vez en el reflejo del otro. La compasión es, de ese modo, la contracara necesaria de la inmanencia. La gracia es común y la obligación es colectiva, en la medida en que "todos somos corderos". La serie de poemas sociales, como "Piqueteros" –aquellos que forman "piquetes" para cortar las rutas con el fin de reclamar por sus demandas sociales que son, de inmediato, demandas elementales de supervivencia–, guarda de ese modo el mismo espacio simbólico que aquellos poemas que ejercen la poesía del detalle –y recuérdese al respecto la noción de *cara* en Levinas: "Un collar de piedras/ deshiladas, finas/ y preciosas, ¿ven/ sus caras? caritas/ plenas todavía/ sensitivas y con/ marcas de dolor". Al verlos la poeta percibe su desarraigo, su intemperie, su agrio sufrimiento y, al mismo tiempo, una sagrada pertenencia allí traicionada. Otra vez, como quería Pasolini, la santidad se vuelve histórica y la historia, espacio conflictivo del misterio.

Finalmente, el tiempo, la duración, el "salvaje torbellino", la "cadena de devoraciones", se vuelve el antagonista de esta donación de la gracia en las formas. Es allí donde surge una *redención del instante*, como iluminación poética. Así como en el sacrificio del Gólgota el tiempo histórico de la duración y la eternidad se precipitaron en un único instante redentor, el instante de la mirada poética y el tiempo "vestido en la voz" buscan alcanzar la salvación del mundo. En el canto de la belleza, leemos, "instante y duración no se separan". Canto y obligación, sueño como tarea, deber del poema. El dolor, la violencia, el dominio, el terror, la esterilidad deberían redimirse en la pasión del detalle; todo error humano, toda inhumanidad deberían conjurarse en la dicha de los signos que repiten la imagen de lo real; una celebración y una fe elemental deberían transformar la belleza efímera en un regreso al paraíso. Ese retorno prometido del poema, repetido una y otra vez en la creación y la destrucción de la vida continua, es la *edad dorada* que atesora perpetuamente el oro del lenguaje: "bordado/ del espíritu o signo encarnado/ que canta la dicha de lo informe, vacío/ mirándose en las ondas de la fuente/ para ser yo, para amar lo otro, dualidad/ nunca resuelta salvo en la emoción/ de un instante pronto devorado por el cauce/ continuo de la vida".

Al promediar el libro hallamos el extenso poema donde la muerte del padre, los desvelos de la agonía, los ritos fúnebres, la íntima tristeza y el angustioso sentimiento del abandono se duplican misteriosamente en la imagen de la Pasión. No en vano se llama "El cordero nuevo". El lector percibe, por sutiles referencias del poema, el retorno en los pobres y desamparados gestos cotidianos de los signos oscuros del vía crucis, o la negación de Pedro, o el cuerpo flagelado, o el descenso a la tumba. Sin embargo no hay llanto en la morada mortal: "No pude/ despedirme. Te dejé,/ pegadito al ataúd, semillas/ de araucaria. Todo empieza. Amén". Esas tres palabras luminosas conjuran la muerte en la promesa, asumen en la semilla unida a los restos el renacimiento de todo lo viviente: "Todo empieza", dice: así sea. Las semillas, para el cuerpo divino del mundo, toman el lugar de los estigmas. Es por ese poema de lo testamentario, distraído en el dolor y la contingencia que, por una vía negativa, la duración se vuelve devenir y mutación: el instante pleno del lenguaje que adviene al mundo en las formas de la gracia redime toda pérdida y la vuelve recomienzo, perpetuo renacer: "vientre y luz de infinitas mutaciones sucesivas,/ invisibles, hacia el esplendor visible/ de aquella melodía que vestirá las formas/ La edad dorada se roza en la juntura/ de lo que cae y lo que nace". Y otra vez regresa la edad dorada en el tiempo sagrado del íntimo corazón, abierto a ella incluso entre el azar y la voluntad, incluso en la casual desgracia, en el deber y la fe, en lo que se dice y en lo que se ve como un tesoro secreto en el centro vívido del mundo. Vuelve la edad dorada cuando una luz de otro mundo atardece, definitiva, en nuestro propio desamparo.

Jorge Monteleone

LA EDAD DORADA

EL UNGIDO

Vertical y orlado
en rojo el carpintero
real. *Eu xaristos,*

mundo de aparición
¿Los años al ojo
afinan, o es el alma

volviéndose más fina
como el paladar
al vino, eucaristía?

¿Nimiedad? No la hay,
todo es cuerpo divino
y la hermana muerte

el auriga en la rueda
que gira, malabar
de gracia, *xaristos*

transforma y da lugar
a esa sucesión
atroz y preciosa

que es cerrada y es
abierta, vacío,
cáliz de la forma

y líquido informe,
dulce torbellino
fijo en el instante

ungido por el ojo
¿o el espíritu? Gota
regia -*xaristón*

en la tormenta. Vida
decidida y audaz,
cruz y grial siendo siempre

volviendo a ser como ese
carpintero real,
vertical y orlado

en rojo, espléndido
nimio, único, llevando
el eco de lo múltiple

donde voy también

Journal of Solitude

Verse como en un venero
en la roca abierto. Sombra
de agua limpia y quieta,
sin brillo, austera. Verse

en el deseo de ser
lo que se es en parte como
si se fuera, ya completo
Es ése, sí, el espejo

del verso. Lo transparente
cincelado en una música,
lo mejor del corazón
Mas no, el cristal se rompe

cuando deja su ataúd
de seda, su ser a solas
para volverse, oh, si
pudiera, verso viviente

con los demás. El poema
cuenta dónde ir, y a veces
hasta cree que sabe cómo,
dulce avecilla radiante

caída al fondo del pozo
cada vez que lo real

troncha sus alas. Lo real
soy yo, creatura de Frankestein

emergiendo en sus costuras
por detrás del agua quieta
Es su sueño sin embargo,
es su sino ser sensible

artista que equivoca
al creador con lo creado
Ir allí, donde el poema
cuenta. Esa intensidad

que requiere oír es trampa
que al escucha atrapa
Le demanda una atención
inhóspita y lo pone

afuera de aquella dulce
bienvenida hacia los otros
que fue razón, de hacer,
de ser y seguir el flujo

invisible de las aguas
dentro suyo y realizar
una corrección al curso
de lo visible, tan bello

y atroz frente a sus ojos
Amiga mía, May, cuánto
sé de lo que hablas. Vecinas
pudimos ser. Dos viejas

trabajando el corazón,
para el poema, no para
el amor. Porque es otra
la dirección que exige

aquella intensidad
Un acento diferente
que nunca aceptaremos
Imagen en el venero

de un mundo entero, y no
partido, en dos, en cien...
Entropía y paradoja
de la vida, amiga mía,

si soñar es la tarea

No lejos, del Paraná ni del Hudson

Sentada allí, bajo el temblor dorado
de aquellos árboles, en el pequeño
porche de la casita de madera
blanca despintada, austera y quieta
bajo el temblor dorado del otoño,
cruzo la distancia y le doy la mano;

¿al maestro deslucido, al scholar
tranquilo aquí sentado tras la caza
de los días repitiéndose, nada
igual, monótono y extraordinario?

Out of fashion relumbra al fin, ahora
que su imagen se funde con el bosque
de Franconia. Ha llegado el instante
de la antigua epifanía, cuando habla
lo mirado, no quien mira. ¿Por qué
ya nadie lee, dije, a Mister Frost?

Emoción y yuyos en demasía
respondió mi amiga diciendo aquel
verso famoso, de Walt ¿o de quién?
Un exceso, de yuyos sí, como auras

del sauce sobre el río, como el viento
que corre en las llanuras, es decir
mi propio canon, lírico paisaje
extendido del campo, edén también

marcado por la sangre de la historia
y recortado por su forma del ser,

del rumor que nos abarca en constante
epifanía. ¿Decirle no a su don
de cura? ¿No a las voces que murmuran
out of canon, mi padre arrodillado

sobre la tierra? Expande octubre
el agua regia de su perfume, aquí
en el sur. Sentada bajo las alas
blancas de ligustrina, bajo cúpulas
de paraísos en flor, la memoria
invoca el temblor de los abedules

sobre la orlada casita de Frost
¿Qué se dice en la insistencia, amiga
mía de esta bienvenida?, bárbaro
verde donde se encuentra y se extravía

la mirada, lustral, última siempre
y primera que ata al rostro y a la
hierba, quién el fondo, quién la figura,
en un paisaje que nos habla, hablado
por extraño y por cercano, Mister
Frost, un temblor orlado de abedules

Barítono rasgar
en la penumbra clara
del alba. Canta a solas
pero reposa sobre
otro canto, la nota
de silencio invisible
que los une a la fuente
Tiemblan las madreselvas
cuando su canto a solas
se une en coral anuncio
del día. Alegría
de atarse a otro, fe
en la vigilia ahora
que discierne y es, visto
en la ilusión de ver

Rasga su barítona
voz de zorzal la seda
de la noche y me da
la bienvenida. Fuera
del rumor indistinto
Distancia y perspectiva,
deseo en el misterio
inalcanzable, nota
de silencio donde entro
con mi propia figura

El terzo excluso habla
y por un instante hace
de la mirada rostro
que vuelto polvo alza
su entereza. Me deja
ver al chino aindiado
cruzando manso el patio
con su machete. Corta
aquí, sostiene suave
macizos de azucenas,
apuntala al fresno
joven que los vientos
del sudeste doblegan
Su fuerza y su sonrisa
constantemente veo
mientras yace, me dicen,
agónico en su cama

de hospital. Quisiera
acompañarte, amigo,
hasta ese umbral donde
solito te nos vas
diciendo *y quémenme
nomás, no gasten plata
para mi entierro*, río
abajo como restos
de la poda. Apóyate
sobre mí, negro lindo,
dulce va tu mano entre
las ramas, viril la pala
acomodando ahora
tu propio cuerpo, un vino

rojo y lento. Perdóname
mi dejarte a solas,
no sé, no puedo más

que sostener tu rostro
como el canto de un zorzal
que espera a otro en la nota
de silencio, ya sin
coral cuando se muere
el día y es de esperar
la memoria recuerde
en alto tu figura
donde sujeta va
la sombra de la mía

El preciado secreto

Imaginar la ausencia
propia en otras manos:
¿qué detalle es el que queda?,

no el mismo, no el mínimo
portador de claves,
ser esa extraña o tal vez

la más íntima aún
invisible a mi mirada
Qué falta de pudor,

menos obsceno y más
enigmático debiera
ser el porvenir. Así,

cuando muere un animal
salvaje, ¿con él se cierra
la memoria de sí?

Es lo mismo al fin
Como nosotros se hunde
en la memoria oscura

del mundo, ¿sabe él
lo que perdimos? Designios
del ser, no su razón

de ser. ¿Exaltación
de qué? sino de ese
torbellino, múltiple

expresión que también
nos tiene en su concierto
Está a la vista, sí,

la cadena larga
de devoraciones, vida
y hambre no se separan

sino en algún instante
de beatífico olvido
contemplado en la gracia

Si es hambre sinónimo
de vida, tomar, dije,
no es exterminar. Quién

me otorga sin embargo
albedrío semejante:
éste sí, éste no,

¿me como el pollo
pero no este burro? Trampa
en el edén. ¿Logramos

compasión por perder
inmanencia? Podríamos
homologarla a conciencia

o tomarla como su aspecto
que restaura el desgarro
de haber caído

por la mirada y no
obstante pertenecer
al edén. Contemplar

restaña lo vacío
de la observación
Si el terror es tanto

y tan vasto, si el peso
de la individuación
no nos deja refugiarnos

en aquel rumor
de pertenencia, es
compasión nuestro camino

de vuelta, exaltación
de lo vivo. Sentirlo
tal vez un artificio

y practicarlo un fracaso
siempre, aún, sólo
así cerraría

el círculo. Escindirnos
es nuestro extravío,
a la deriva aquí

o en las lejanas estrellas
Quedaría volvernos
vigías sin poder,

salvo el de tener
una visión más grande
que nosotros. Azaroso

camino, aún perdidos
en la niñez y dueños
de volver desierto

al jardín donde nacimos
No quiero ser un Dios,
quiero la plenitud

de los sueños, aquello
que vislumbra cualquiera
Si supiéramos

que el instante incandescente
no se borra, que hay
memoria, ¿ayudaría?

Hemos construido tanto,
elija: el mercado
está a la vista. Yo

tomo también como
cualquiera lo que puedo,
lo más afín. Pero creo

ver que todo encubre

el preciado secreto:
saber y no poder

actuar lo que sabemos
Nuestra tragedia nos hace
atroces nos hace bellos

aún, frente a esa
ecuación tan simple:
sólo el amor completa

el difícil camino
de la separación
Necesario parece,

pero sin sentido fuera
si no se viera al fondo
el desfondado sitio

que nos vuelve a unir
de otra manera, no
por accidente sino

en luminoso esfuerzo
El sentimiento sabe
y cabe en esta rosa

de los tiempos, tan frágil
viendo la ausencia propia
en manos de los otros,

incompleta y perfecta
Destino común a todos

Brillo negro

Cuando el pampero lanza
su látigo de viento
y el ojo azul del cielo
ya no es ventana abierta
donde titilan lejos

pero cerca, ancestros
las estrellas, difícil
recordar la otra cara
radiante de belleza
Se cierran los postigos

Hierve el caldo y se enciende
el fuego. Como ley
de las formas el alma
busca en casa consuelo
No hay nada, sin el mágico

espacio que sostiene:
ilusión de un mundo
con una sola cara
Dulzura en equilibrio,
Quetzalcoatl, sagrado

corazón que desciende
a la mansión de muerte
sabiendo es la mañana

Manitos de amarillo,
pezuñas en el rojo,

lo terso, lo distinto
indistinto en la pátina
plomiza, lo sin borde,
sin cauce alterado
por el viento. Poder

que ahora desintegra
y reintegra en otra
forma. Tezcatlipoca:
tu brillo negro, humo
de una memoria que

no es la del sujeto
Tras el velado cielo,
asísteme, lucero
de la mañana, aurora
de la fe que alza círculos

para ser, algo en la ola
de luz y sombra. Pluma
de quetzal, recuérdame:
la morada del oeste
es la puerta que conduce

hacia el este eterno

LOS CORDEROS CANTAN

La primera mirada lo consagra,
mas volver sabiendo que de nuevo habla
es dicha menos hallada. Lugares
aunque extraños y lejanos entreabiertos
a la voz. Como vos, peña herida
por el viento y por las aguas, tienen
todas tus piedras forma de corazón
Hay pequeñas sobre la arena helada
Corazones de oro, o negros, blancos
o color de jade el corazón.
¿Almas de los muertos bajo el viento
antártico del sur? ¿Es una dicha,
es mérito o recuerdan lo que siempre
queda sin hacer? Como sea es dulce
la emoción, es gracias oh sur, haberme
dado la ocasión de oír tus piedras almas
sobre las aguas del helado mar
Los corderos cantan y voy con ellos,
consagran la tierra vuelta rumor
Donde hay memoria de la matanza hay
un corazón que renace hablando
cavado en piedra del viviente mar,
por el espíritu –lugares próximos
o extraños– del humano ser rozados

Amaruka

¿Has visto una rama de azahar?
Racimos, perfume encendido
Invisible lo que quiero mostrar

Lluvia de los pétalos, delicadeza
rodeando al limoncito que inicia
su hazaña de vivir. Me recuerda
la fuerza del deseo frágil y eterno,
su inalterada fe. No es Maya, no es
una ilusión, es talita kumi:
rocío, despiértate, en el arca
de la alianza infinito renacer

Qué impulsaría al vacío dejar
de serlo si todo fuera ilusión
Creo en la resurrección de la carne
corriendo al equilibrio, no a un tropismo
de muerte sino comiendo de sí
Tiempo, violencia que la hace existir
Ramas fluyendo diamantinas. Cerca

es con las palabras siempre lejos
No obstante... Narradores por corto
trecho de la imposible descripción
¿Apego?, si desprecio esta belleza
como pérdida y dolor dónde queda
la compasión. Amaruka, tierrita
de donde amo a la tierra entera

y a las lejanas estrellas, que haya
un raymi en mi corazón, que entienda al fin
o sin entender nada haya descanso,
aceptación. Que la díscola mente
humana, su diferencia, no sea
su oclusión de ser. Que llegue la muerte
radiante como radiante es la vida,
scintilla en la luz. El universo,

dicen, está hecho de fotones
y de átomos apenas, refulgiendo
con su forma la infinita luz...

Dicen, se dice que...

Dicen, se dice que...
la finura del alma
en los actos se gana

Como si el tiempo fuese
un espacio interior
al que se vuelve limpio,

transparente o lleno
de resaca. No barre
seguido esta escoba,

no sabe aquel cuento
del monje en el templo,
o es, su noria saberlo

como sabe del aire
quien se ahoga en la fuente
Un instante respira,

concentra su esfuerzo
en guardar hasta el último
soplo de aliento

Conserva así su vida
En lo espeso y sordo
del ahogo afina

su alma, y es la fuente
espejismo y trampa,
como quien es la propia

luz que lo ilumina
Salto del tigre o vuelo
del águila. Medalla

de sol, corazón
profundo de la tierra
resuelto en aire y suena,

resuello del ahogado
donde vibra su saber,
su doble condición

de amo y de esclavo
Artífice en la mirada,
testigo colosal

pero inepto, salvo sabio,
salvo santo, de hacer
lo que se dice, dicen...

que en los actos la edad
dorada se transforma
en finura del alma

que es memoria, libre
respirar donde se unen
lo visto y lo rozado

en esas aguas mansas
que reclaman para otro
lo mismo que es deseado

LA PUERTA MÁGICA

Al airecito,
melodía de agua
que canta siempre
su canción, se opone
¿o acompaña?,

el pensamiento
como abejorro espeso
que nunca cesa
zum zum de hacer discursos
cargando el aire

¿Acaso abre
también la puerta mágica,
y no entorpece
el pesado acompañante?
Hacer lo hace

si deja hacer,
si sabe retirarse
a tiempo. La sabia
inocencia habla, hecha
sólo de música

El caballito
andante porta jaez:
su montura es

imagen, sentido y
también, a veces

non sense. Le habla
al cuerpo, al corazón
que de recuerdos
han sido hechos. Cuando
los lee el pensamiento

se asusta a veces
y no recuerda fue
alguna vez
él lo otro y lo otro
él. Érase una vez...

MÍRAME...

Mírame, aquí estamos...
Vuelve, vocecilla mía
con el rocío de tu rumor

Háblame, de la edad
dorada que será
mañana porque soñamos hoy

Cuéntame, el ayer que fue
la casa de donde viene
para ser de nuevo soñante el hoy

Tus manecitas barren
hacia la izquierda, barren
en espiral. Si el espacio fueras

donde vivimos, Tiempo,
qué haríamos con el tiempo
sino vestirlo en la voz. Tierra,

mírame, aquí estamos
en la cuna del silencio
donde todo tiene nombre y tiene

espejo. Somos nosotros
imagen de lo creado
y el creador. De nosotros cada uno

y la suma, cuéntame...
de mañana todos juntos
cuando el hoy escuche ayer

Alma en pena vocecita
mutilada de la arena
donde el círculo se alza. Yo

soy tú, y sigo siendo
mas no tu siervo ni tú
de mí. Es, revelación continua

el ser, ¿encarnación
perpetua en la marea
cuyos ecos oigo para luego

un eco ser? Tiende
tu cedazo hacia el ayer,
dame voz de la mañana, *mírame...*

Getsemaní

La palabra no es el verbo, no,
no es el sueño ni palabra
ni es el verbo. Melodía,
airecito de una frase
que se acerca como el eco

de un latido y pulsa siempre
el corazón. Siente, aquello
que es silencio, que es vacío
siendo lleno y te rodea
como si el capullo fuera

de un templo. Cuando nacen
las palabras de ese centro,
luz en música dispuesta
arrastrando en la marea
el coral del pensamiento,

el poema se le acerca
a la oración. Se entrega así
a la magia de lo hecho,
se une dando fe por la fe
de lo sentido en el silencio

¿Es el verbo, o su experiencia?
al fin guardado en la belleza
de lo vivo, siempre forma

dialogando con el cambio,
con la muerte y su bastón

de mando. Hermanita hecha
de sombra y sin la cual,
terror y oro de los días
no sujetos, serían sólo
geometría, no la vida

que tiembla en transformación
Lo lleno cambia y perece
en la serena o violenta
sintonía que establece
con su mitad: el vacío

Cuando nacen las palabras
en el eco que no cesa,
en lo íntimo sentido,
en lo íntimo de sí
y de aquello en lo que mira,

se organizan como ofrenda,
ruego y cofre donde brillan
los recuerdos. Cada parte
fiel, rogándole a la otra:
sin ti no soy, no seré

o más aún, no seremos
en el Reino. Tigre blanco,
babosita, niño mío
por qué, no sé, pero juntos
estamos en la cima

de la bienaventuranza
y juntos en Getsemaní
Perdonen nuestras ofensas
y serán quizás las nuestras
perdonadas. Sentir esta belleza

y no poder, afinar los actos
en la entrega, compasión,
benevolencia, es la sombra
que nos sigue, es la gracia
que se torna nuestra cruz

En el eco del silencio
las palabras nos recuerdan
que en el arca de la alianza
somos corderos, también

¿Por qué el artista...?

Como un calamarcito a su tinta vuelvo
a la Isla por supuesto, aquí
donde la vulnerabilidad se prueba,
incierta la felicidad se hace
presente en el trabajo, su brillo tenue

Sopla el sur nuevamente, el de las aguas
siempre altas en febrero. Sol y sur
le devuelven al mundo su rostro vivo,
nitidez que habla sobre el rumor
y funde, fugaz la magia con los reinos

del rey Arturo. Lo a punto de perderse
habla en despedida con la voz
del amor. Como aquél renace
para ser el encarnado, el amigo
que solicita dignidad en los actos

Lo que se ha tenido vuelve, y se olvida
siempre. Vuelve lo que se es y se pierde
revelando aquí un detalle nuevo
Te conoces en mí, me conozco en ti
¿Mas todo será disuelto? O las manitos

doradas en las cuevas sostendrán
el signo de lo singular. ¿Por qué el artista,
el humano no resigna, subsume

su firma en la encantada creación?
Por qué nos diste el yo para perderlo

¿En la pérdida del alma está
su salvación? Fruto precioso debe
volver semilla, y en los azares
de su caída será retoño quizás
Hasta que esa forma se cancela

Se sostiene en ceremonias y consume
cuando cesa ya su voz. El eco vuelve
siempre, porque *una sola alma somos
como hay un solo mundo*, un solo Dios

SÁBADO PASCUAL

Siempre nacido, nace siempre
Eckhart

En el atrio encendido un brasero
con las ramas de fresno, el viejo fuego
frente a la puerta ancha por la que el pueblo
entra, en la noche donde serán nuevas
otras vez nuestras almas. Aire y llama
del cirio pascual, *scintilla*, chispitas
prendidas del cuenco en las manos de otros,
del fondo insondable y humano, un cielo
de estrellas en la noche que late
un sí de la carne un sí, resurrecta
Eucaristía en el abrazo, boca
donde la gota regia tiembla, allá,
el soñador errante ha convocado
su imagen en el altar: bello joven
del morado manto, un niño y una
niña a cada lado rozados por
sus brazos. Tan dulce que imposible
parecía allá en el centro, moviéndose
aunque inmóvil por el yeso capturado
¿Dónde está? Ya no está. El errante
lo ha soñado. Pequeña vía láctea
de las almas encendidas. No, ¿dónde
está? Va Tomás con su mirada, va
la *ratio* que interroga dónde está:
–visión, revelación de los humildes–
dentro aquí, el sagrado corazón

¿Es antes la Noche Oscura?...

Y vámonos en tu hermosura...
San Juan de la Cruz

¿Es antes la Noche Oscura? ¿Al alba
se ha de llegar donde mora la fuente?
¿O antes he de quedar, sombra pura
si la escama de luz dejara? Es gracia
sobre las formas la mirada, es
sustancia el accidente, profundo
verde del roble que los lares hacen
latir y guardan. No es mágico, no es
vacuo, es, plenitud del espíritu
su materia que en la forma se yergue
Manadita de nubes pasa y todo
se abraza: el adiós del día, la noche
llegada. Manto de rojo en la sombra

dualidad unida, dardo, arco y pecho
Deshacido en otro será, alabado
sea, de su ser y del sentido donde
Dios se observa. ¿Amarlo en el detalle
fugitivo es desacierto? ¿Acaso
amarlo menos? ¿Insistir atada
frente al espejo? Aguas profundas que
la sombra arrastra, aire, brizna de plata
de quien desea asirse al mundo. ¿Más
hondo? Cante por bajo la baguala
al batir de la caja que en humo

o en polvo se encarna. Manadita
de nubes que pasa y tapiz, retablo

donde la luz pequeña se encarna
Miro en ti, vocecillas de una voz
que la fe convierte en gracia, ¿o la gracia
en fe? Perfecto en el vacío riela
la luz de tus escamas, mundo, pez

Hablando con Simone Weil

Oh Simone, si yo no veo
lo suficiente el dolor
humano, ¿será que miro
las minucias de lo creado?
¿Las catalogo acaso
como homenaje a Dios?

Es tanta esta belleza
que moverme nunca quiero
del edén, como olvidada
a veces de que Caín
ya mató a Abel. Compasión

hacia Caín. ¿Pero quién
es Abel? Tu fracaso
me conmueve, oh Simone,
no tu forma de correr
a él. Si esta mano

disciplina a su medida
pero siendo rebasada
por aquello que la incluye
no extermina, si aprende
a vivir en compañía...

Cuidado y pertenencia
La humildad total está
tan cerca de la soberbia

"Prefiero ser objeto
de persecución antes

que objeto de filantropía",
dijiste y te adoré. Ya
no sé. Te amo, mi pequeña
rimbaud desencadenado,
faro en los arrecifes,

pero déjame bucear
en sus orillas, en
sumergidas islas
de coral donde se mecen
cardúmenes dorados
y algas de cristal, el secreto

siempre cerca y siempre lejos
que a todo lo viviente
nos limpia y nos condena

En la caricia dulce del mundo acunada...

En la caricia dulce del mundo acunada
sueño soportar su otra cara. No cesa
de nombrarse lo que no es en la palabra,

nube por ejemplo, un segundo antes
que la muerte abata, no es, no, pero es,
en la extraña paradoja que me da el ser

lo que soy, humana en medio del mundo
que me roza y donde soy, con el pie
afuera. Adentro, en el espacio de la fe

se sueña, no el horror que sella siempre
la historia humana. Su contracara,
¿quién podría desmentirla, decirle no

a la inocente fiesta de sentidos,
o a la sed de amor que nos acompaña?
Porque lo hay, hay escena donde el infierno

muestra su cara. Orlada de rocío
la dulce tela, como a través de una
lente miramos amanecer al mundo

Laboriosa telita en cuya red
de araña la mosca agoniza ahora
El pie afuera, el afán de tocar aquello

que sólo en nuestros ojos se revela,
¿es lo que nos hace enteros?, no por
intangible más ni tampoco menos

Reino de la fe, lucidez de los humildes
donde siempre fluye el signo como eco.
Vuelve a ser cosa viviente donde se abreva,

leyenda en la que bebe el corazón
para no agostarse. Desatado canta nadie
o canta el hueco del pozo ciego.

La mueca del detalle mutilado
que halla en el silencio su rumor. No lo tacho,
es doliente hermano si busca allí su fe

Pueda el gran andante, Waganagaedzi,
el mágico muchacho Kokopelli
con su flauta de huesos entibiarlo

como entibia la lluvia fría
de primavera al invierno helado
Algunos sembrarán allí. Salimos

a la Plaza sin los cuerpos, siluetas
en nuestros brazos. Memoria y justicia,
no cadáver, sostuvieron aquellos

años. Resurrección de la carne en
los detalles de la fe. Eucaristía,
el nuevo mundo descansa en el antiguo

y no es sólo de palabra porque viviente
la ilusión y siempre falsa la edad
de la razón, cuando al frente o detrás,

se yergue la edad dorada

No. Es el corazón

¿Qué es esta ola de amor
que me cierra a vos y me abre
a ese dolor de la muerte
como río en su boca
yéndose de madre al mar?

¿Qué, bellecita del alma
pequeña y perfecta, arqueo
de plumas, ala en veloz
movimiento inestable
en pos del rocío, el pan

de la vida, néctar y gracia?
¿Vos me escuchás?, ¿mi saludo
te roza como el tuyo a mí?
Mi bebé, madrecita qué
en tus formas recuerda

lo distinto, lo enemigo
que ante vos estaría
como flecha en deseo
tensada. La gatita,
sí, a ella traés a casa

Por qué efecto del amor
la más loca conexión
de esta dulzura siento,

soy en vos y soy en Humo
convocada. ¿Es la atención,

la presencia de una entrega
desbocada y sin tregua?
No. Es mi corazón, boca
de un infinito río
que el instante hermana,

celebración de las formas
donde el alma parece
madre. O soledad de Dios

No es edad de la razón

¿Está mal? ¿Es tarea equivocada
bordar la página capturada siempre
por un detalle del monte o del jardín?
O aún más, esas nubecitas pasan
y refractan el oro hoy, el púrpura

mañana, sobre este río que boga
en su cuna, terciopelo de las aguas,
barro luciente y diferente en cada
atardecer. Signa la infancia con sello
de lacre y cierra su carta diciendo:

aquí, éste es el suelo que gozará
la mirada, lo que sea será visto
desde aquí, suntuoso o pequeño los lares
enseñarán el delicado diseño
de la vida que llega y de la vida

que va, en la mano de su gemela,
la muerte. Pero en el medio la estela
de inefable belleza y gotas de horror
porque sí, ¿por qué, además del error
y la falta de entrega? Ácida espina

en los matos que esplenden, cuidado,
recorte del ser, que lo mirado sea
sutura, formato de la herida y costra

donde el alma se aquieta. Sea sabio
el bordado, bastidor que se hereda

no de un chino maestro, al raso apenas,
bajo penurias del campo nuestros padres
y abuelos avizoraban el destello
de la extraordinaria creación. Así
fue, nomás, madrugadas en los potreros

o frente a la llama de una vela
donde la madre cosía el sudor
y la magia, así heredé las imágenes
que se refractan, puntada a puntada
oro y rojo sobre mis ojos como en las aguas

del río. ¿Está mal? ¿No es la tarea
esperada de una mujer que borda
su página y avizora la edad
dorada? No es edad de la razón,
no, es un sortilegio encantador

cuando todo nos parece una ofrenda,
la luz que llega en la tarde invernal
y muestra las rosetas del manzanillo
vibrando entre las ramas, o el nidito
desnudo en la copa, más desnuda aún,

de aquel roble en los fondos de la casa
Y nos muestra la esbelta desnudez
de un mundo que se prepara, en su dulce
atardecer, para recibir la helada
noche de agosto. Tan bella y tan amarga

EL MÁS DESACERTADO CORAZÓN

En los breves días de junio
cuando las sombras se alargan
y las altas ramas desnudas
brillan tras la pátina
de niebla que empuja la mañana,

con suaves gestos silenciosos
despertamos. Cebo un mate y
somnolientas, los ojos fijos
y lentos observan
a través del vidrio el recorte verde

en la cocina pequeña. Humo
enrosca su cola, la trompita
nevada que anuncia el gris
de su pelaje apunta
como yo al vacío, a la nada

plena de gracia de la hora,
del invierno. Bienaventurada
compañía que aparece siempre
tras la línea de algún
poema. Gata y dueña

o viceversa ronronean
bajo el sol o quietas, calladas
en el gris opaco, en la luciente

niebla donde las hojas,
como nosotras al fin asoman

El pensamiento es leve
y la palabra, casi lustral
se dibuja en el silencio
Piedad, por las horas
dispuestas al hacer, al defenderse

e insistir en el error, ¿de otro
o de mí?, de ambos apuntando
en el reflejo equivocado
¿Pero cómo, si antes
experimentamos el secreto

fluir? Tan brusco nuestro gesto
de quebrarlo, tan injusto mundo
que ayudamos construir. Éramos
agua del venero
cuyo fin, llevaría a la conciencia

lo que todo, si viviente sabe,
corderos en la manada
del universo que se expande
Rostro lírico
del humano que resiste

en el seno de su propia
destrucción. Cordero y pastor
en sincronía, no de otros,
de nosotros, si un
instante aún brilla cada día

en el más desacertado
corazón, por qué se vuelve
imposible juntar las aguas,
las lágrimas de dicha
y de dolor en un torrente

que nos lave, que nos deje
a través de los detalles
hallar la fuente de un sentido
donde sí, todos somos
indispensables. Rasga la luz

la suavidad de esta hora
que parece recordar
el lugar de lo indistinto
al que rozamos
por los caminos del amor

para llegar a casa. Humito,
un bebé, no una gata sabia,
salta en remolino hacia
juegos incansables,
y como un regalo en la penumbra

veo, que se han abierto
los jacintos, racimo y aura
de un rosa pálido, las raíces
flotando en agua clara
sobre el estante, la naciente mañana

La bella descripción

Día tras día sobre esta rústica
mesa de madera escribo, miro
las hortensias primero, virar lentas
hacia el violeta, las suntuosas hojas
del banano después y un alud,
un velo de verde en el espacio
cortado por los pájaros, por tenues
mariposas y avispillas, todo
vivo, respirando. Aérea galería
que me ata al cuerpo del edén
y desata. El colibrí en la flor
del guineo al que ahuyenta un mangangá,
el delicado capullito blanco
de las arvejillas cuyas semillas
hace tanto tiempo me dio mamá;
una cigarra extrañamente quieta
haciéndome creer que ella no está
Ilusión, y tu ausencia. Ardua tarea
disimulada en belleza. El chin
chin de los bambúes meciéndose
en el techo, y día tras día esta avispa
que me ronda, que me orla la cabeza
para entrar después por la ranura
del alféizar que deja el tejido
mosquitero en la ventana. Trabaja
Su casa de barro crece aferrada
al marco. Cuánto demora en salir,
hallar la ranura al abierto espacio

Lugar seguro cree que es la inocente
La dejo. Porque amo nuestro diálogo
diario, nuestro trabajo compartido
Sin embargo cuando me vaya qué
pasará? Cerraré la ventana y
su casa quedará aprisionada
Ah cadena de las causas. Belleza
cubriendo siempre la herida abierta
Los actos puros son actos ¿de fe
o de convivencia?, en el cuidado
de hoy no está inscripta la visión
de mañana. Servicio es la atención
de los santos, o abdicación del ser
Sólo soy testigo en la tensión
purísima de contemplar. Se vuelve
impura, casi narcisista inercia
del deseo acomodado al ideal
Tocar es el arrojo que nos vuelve
responsables. Libre albedrío al fin
te entiendo, veo tu significado
y veo la grandeza y la desdicha
¿o el esfuerzo de intentarlo?: vivir
bajo las propias reglas que son siempre
tan propias como ajenas en la vasta
adquisición humana nos obliga
a actuar los enunciados, quebrar
la encantada descripción del mundo
que armamos como si sólo fuéramos
lenguaraz de Dios y él, el único
responsable. Ayuda mutua avispita,
no lo olvidaré, y llegaré hasta
donde pueda abrazando mi fe, errática

como la de Pedro mi piedra es
el poema. Ahora sí, no creas
que no escuché, en tu cama de hospital
niño mío, sos mi zarza ardiente
No puedo decirle no a lo que viene,
caracolillos o todo aquello
que te irrita, pero ahora sé
es la seguridad del enunciado,
la tranquilidad innoble de quien
contempla lo que cuestionas, o vaya
a saber qué, felicidad tal vez
de la mirada melancólica y
enamorada siempre, el privilegio
de ver pasar el tiempo, bienestar
dolido y dulce que te es negado
¿En los días de la vida, en la página
en blanco? No sé. Esa justicia íntima
del noble pequeño burgués. Limpieza
de alma acorde con su panza llena
me ata al cuerpo del edén, actuar
los enunciados me desata como
esta avispa compañera, luchando
por hallar la ranura del alféizar
que deja el tejido mosquitero
en la ventana. ¿Lo ves?, la metáfora
de Natura es ardua, no nos da tregua
tampoco, si rozamos el armado
de la bella descripción. Diferencia
parece consistir en saber qué
se hace, para qué, dulce incertidumbre
del lirismo al decir sí, y no
al mismo tiempo. Qué importa frente al

dolor agostando el cuerpo, niño
mío. Importa sólo el gesto
de aliviarlo, en mí, en vos. Pan
y sentido parecen ser la misma
cosa. ¿Efecto o causa de la fe?
Amor es la coartada, un acto
siempre impuro porque toca, al otro
y vuelve a mí. Inhóspita piedra
del alero donde ya no miro a
las hortensias primero, virar lentas
hacia el violeta, estoy en el concierto
y soy dueña, en minúsculo espacio
del horror o la belleza de afinarlo,
y también del nuevo acorde, accidente
en las fallas que el ideal impone
Todos somos piedra, de toque cuyo
centro a veces ha perdido en el océano

HOMENAJE

Las cúpulas esmaltadas de azul
de oscuro verde tornasol donde brillan
motas del púrpura o el cándido rosa
tras las hojas del banano escondidas
Una mezquita, una catedral
desbocada al anochecer de enero
huyendo por el aire en helechos finísimos,
cixous, jazmines, glicinas y la diadema
en corona de la verbena. Arriba el rojo
profundo del ciruelo y la cimbreante
morera. Plenitud del vacío ceñido
en abrazo, y sin embargo abierto
al infinito cielo. Gotea. Graves
las notas del agua, lentas, como una arcadia
musical inmóvil y viva en su fragancia,
su respirar. Dulcísimo jardín
fuera de cauce navegando el mar de enero,
tu efímera belleza me redime
y recuerda la voluntad inalterable
de las formas disolviéndose y volviendo
a ser, carne que se pudre, bordado
del espíritu o signo encarnado
que canta la dicha de lo informe, vacío
mirándose en las ondas de la fuente
para ser yo, para amar lo otro, dualidad
nunca resuelta salvo en la emoción
de un instante pronto devorado por el cauce
continuo de la vida. Me entrego a ti, mientras

cincelo los bordes del diamante que aún
me defienden de ser, tuya enemiga mía,
tu próximo bocado y a la vez
la gracia de lo inverso: tu espejo,
o espejo tú de mí, terror vacuo sin nombre
si no fuera por este huerto o el jardín

Mirándote, me he visto morir en otra

Tan efímera la corola de marfil
cerrada como un coral en el mar del aire,

belleza de la extensión que halla en la simpleza
una gracilidad de formas más pequeñas

Enorme en la rama inalcanzable, oh copa
inmaculada alzándose en el devenir

impreciso de los años para ser, esto,
fulgor oculto que el perfume desoculta

y cualquier roce hiere. Como alas o brazos
que anhelan veo, caer la blancura mientras

se hace la fragancia aún más intensa. Así,
el amor nacido en el temblor de una pasión

decae, en un instante, secreto cofre
de enigmas por la luz quemado y vuelto

urna de cenizas dispersas en el viento
que pronto tragarán las aguas del verano

Si ayer entré a ti como al cuerpo de la amada,
hoy debo en ti morir, pistilo que destilas

la fragancia más dulce y más triste, memoria
de ilusión que muere para siempre, magnolia

Vienes atravesando siglos hacia mí,
mi amada, para este encuentro efímero

Durará menos que mi impulso por fijarte
en la mirada. Llevan los pétalos marcas

que al corazón han guardado, una sustancia
de seda pesada volviendo al oro antiguo,

al principio del principio. No respirar
casi para no quebrarla, y aspirar

con anhelo de volverme yo su fragancia
Cuando se agosta la vida, cuando se inicia

el fin, recién el alma descubre sutil
la escena donde ambas fuimos colocadas

Si yo pudiera...

Oh tiempo si yo pudiera
sentirte en femenino
y en tus brazos dejarme ir
como todo lo que admiro
como aquello que describo
incesante cuando quiero
escucharla, a ella mi alma,
dedicada en exclusivo
a seguirte ¿o detenerte
un instante mi señor?

¿Es a vos? Lo que te vive,
lo viviente, lo que muere
¿Es a mí? Sí. Quien no sabe
como lo otro dejarse ir
Decirle sí a la muerte es
un sí para esta vida
cada día tan precioso
en su lento transcurrir
Si yo pudiera, cantar
como estos mirlos, ¡míralos!

sobre el penacho de fuego
que orla mi casita a pocos
metros. ¡Enséñenme! estoy
diciendo con la sonrisa
del alma, única voz
del poema que sutura

por su música, su acento,
aquella antigua herida
humana, lo separado
por el tiempo para ser

su amante, su testigo
fiel. La vasta arquitectura
desnuda del hibisco,
leñosa la seca rosa
de siria se viste ahora
en tus brazos, verde y leña
como una dama entrada
en años que va a mostrarte
muy pronto su resplandor
Nada es infinito en

lo viviente, de ahí su sed
Pero eterno sí, lo da
la condición de haber
vivido, tu sombra y aura
mi señor, esa música
donde el ritmo ordenas,
nostalgia de lo tenido
y de lo que nunca hemos
tenido allí. Ahora sí,
amiga mía en tus brazos
te dejaré ir

QUE PEQUEÑA SEA

Sí, acuarelista quisiera ser,
iluminadora en tinta centímetro
a centímetro de esta naturaleza
amansada y en fuga siempre
alrededor, la casa entre el monte

y el jardín. Las rositas silvestres
y las campanas de las ipomeas
floreciendo azules en la mañana
Un bordado de seda. Exceso
y delicadeza de la pluma

Cuando el verano acaba, un oro
aquí, allá, y la boa del verde
todavía se desborda... Amanecen
celajes plateados de tormenta,
todo gris, quieto, y los sonidos
más tenues reverberan. Canta un mirlo

en la espesura oculto y la torcaz
murmura su lamento. Se elige
en las filigranas del detalle, ¿qué,
nos habla hoy?, bajo el polen ámbar
de las casuarinas. Que pequeña

sea la figura humana, no quiebre
el equilibrio mágico y alcance
la entrega de los astros y la hierba

Un recorte sagrado del ser
Encaje los brazos extendidos

en cadena. Su voluntad la pierde,
su tumulto gigante que la lleva
a borrarlo todo en la ilusión de alzarse
ahora y eterna. En el paisaje
tocado por tu mano, déjate ir,

en el bordado de seda. También
es tu jardín, no sólo tuyo. Si
deseo y terror guiados por el pastor,
el corazón humano, pudieran
no apropiarse del entero espacio

de la acuarela, sino cargar sobre
los hombros, delicado, al dolor
de los hermanos y al dolor siempre propio
de dejarnos, sé que haríamos
en el delta del edén, en el río

del mundo, un instante por su gracia
pleno, con la altura de lo eterno
Se deja ver en el intento, sí,
de captar lo visto, aún no disuelto,
con los ritmos de la mano, distancia
desasida y vuelta a hacer, de esta mágica
acuarela

Nada eterno, noche

Un rumor de ranitas
la sola melodía
Nace en las charcas hacia
la Vía Láctea, fija
en el cielo tatuada
como una dulce virgen
que mira o vigila
aquel solo rumor
en la noche helada

Quieto espejo las aguas
del río en descanso
sobre escamas de sábalos
pequeños, bajo ramas
desnudas de los robles
aladas en luz, alto
corazón del invierno

Noche, no del ensueño
del alma sino de estas
cosas o seres cercanos,
parientes de música
en concierto que teje
la sustancia viviente

¿Lo es la voz? Maldice
o reza en su albedrío,

se aparta o busca siempre
un regreso a casa

Dame sólo el saber
de la tonta, deja
para otros lucidez
que afirma o niega,
déjame cantar como
aquella rana, ésas,
perdidas sin saber
el porqué de su propia
melodía. Acaso,
siendo lo que se teme:
sólo alabanza

Nada eterno, noche,
ni forma ni figura
logradas para el rezo
o para una maldición
Lo que dura y lo efímero,
escamitas y Vía
la sintonía aparece
como lágrima. Brilla,
scintilla mía, rosa,
rocío de agosto
en el fondo del alma

Y con chamal andaba

Bordados los harapos
con trocitos de tela
tomados de prestado,
la forastera va
No es maestra del hilado
En el fogón escucha
más que mirar las manos
de la abuela araña,
escucha el rumor
encantado y sabio
de los hilos que tejen
un vestido de música

Ella sueña y copia
pedacitos atados
al corazón. ¿Qué ve
un colibrí si liba
en espléndida flor?:
detalle que alimenta,
y sépalos, corolas
majestuosas escapan
a su entender o a su
mirada. Pero sabe
que un mundo la sustenta

Forastera y dueña
de nada, su condición
Una mujer chiquita,

blanquita la cabeza
y con chamal andaba
Las mujeres del alba
que están haciendo el fuego,
alzan la neblina y
su vestido parece
de realeza, no música
soñándose harapienta

El alma pordiosera
que tiene tanto y tiene
nada de pertenencia
No hay centro entonces no ¿hay?
O es centro el corazón
que rastrea en lo humano
las casas construidas
a lo lejos, ahora
que ha llegado el tiempo
de los ya sin casa
como perros hambrientos
husmeando en casa ajena

Cobijo para el alma,
pertenencia. ¿Serán
las voces en la voz
aunadas? Sólo ritmo,
humano corazón
que accede a la hermandad,
tapiz tejido en sombra
de araucaria y de rosa
¿O un tejido de sobras

donde todas las formas
envilecen? No sé,

mantillo putrefacto,
seda de tierra negra
donde los bosques nacen
Bordados los harapos
en un halo de música
cruza entre las casas
Ahora es vieja, mas
no sabia. Pertenece
a un pueblo que medra
saqueando en las fronteras
un poco de agua regia

Perder lo santo hace
de la tierra y de lo humano
sólo un artefacto
Cómo alzar la aldea:
detalles de la fe
que no excluyan ni den
pie para volver lo otro
en ajeno, abuela,
tejer tu tela y ser
al mismo tiempo luz,
la primera, sin que haya
moscas para tejerla

Un puñado de sal, quizás un mate

Cuando el mundo enjoyado por el sol
de abril declina en la tormenta y hace
frío, hace esa soledad que parece,
en la medalla de oro de las islas
donde guardo el corazón, esta casa
de semillas y de ramas, guardada
para mirarse dentro y limpiar
la mirada afuera que nos habla
con susurros y con gestos, parece,
siendo su intimidad tan honda, ese
cruzar en la noche alta la llanura,
oscuridad y plata sin fin, cuando
la diadema de luces de un pueblito
perdido en el sueño la interrumpe,

así, vuelve aquí y allá la melodía,
el ladrido de un perro, la melena
púrpura del roble de los pantanos
y un vecino con la nota suave,
la mano generosa que te acerca
un puñado de sal, quizás un mate,
vuelve tersa en el pulso del mundo
que late tan oscuro y transparente
y frío en la tibieza del vacío,
la base del concierto, viaja así
la vida temblorosa en su autobús,
cruza como un relámpago los llanos

encantados del instante la memoria
y halla consuelo, limpia en la inmersión

de la marea, esas piedrecitas
cómo brillan, y el verde otoñal
de las islas virado al amarillo
–siempre extraña el relumbre que tiene
entre nosotros ese tiempo
donde todo es despedida, es ayer
que despierta en un aura de belleza
y se pregunta dónde está mi casa:
cruza, atraviesa las estaciones
del tiempo como un autobús el llano,
fulgor de la carretera y fulgor
de unos pocos pasos repitiendo
la aventura de mirar lo visto,
siempre nuevo en el río del tiempo

que desviste y regenera, en la honda
intimidad donde la vida charla
con su vecina la muerte —¿ya está?,
—hoy no, pero mañana tal vez sí,
amiga nuestra–, qué dulce es abril,
¿y casa?, descansa en el corazón

Colombia, ¿aprendí algo?

Cóndor corazón qué dice tu tambor,
para que yo sea siempre otro paga
con el horror. Nota de duelo en la dicha
de haber partido y volver a casa

Alguien sobre la montaña Nevada
emprende el retiro. Es su sino, es
su oficio perder al mundo en perfecto
estado recluido. Máma, lo llaman

Sólo sabe del mundo si alguien llega
a contarle el mundo en su retiro
Así año tras año, y un día sale
y es el parche más fino donde suena

el dolor del mundo, donde sueña un
brillo cualquiera, hermosura, pena,
éste es el oro, éste el oscuro
temblor del tambor que toca al mundo

con fino resplandor donde la gracia
trabaja en el vacío con su hermano:
el horror que disuelve, el monocromo
error humano. Aquella ausencia otorga

un báculo para rozar la plena
presencia de lo que existe, si vive

mientras sueña su sueño de conciencia
Colombia, ¿aprendí algo? Veamos:

Frente a una esmeralda el ojo, bañado
por el verde debe buscar al fondo
un jardín, tumulto loco vibrando
que al cristal le da la vida, piedra

preciosa, fina con su pequeño caos
adentro. En la tiendita me enseñan
a mirar con una lupa las pequeñas
piedras, y el cuarzo madre y aquel eco

de la montaña atrás, Patria Grande
de donde llega. ¡Si un máma pudiera
ser!, ¿o lo soy a mi manera? No,
no te lo creas, sostener al mundo

exige aceptar una cartuja estrecha,
cóndor corazón que vuela, Colombia,
sobre el desierto propio y el extraño
desierto de otros, buscando al fondo

verde y oro, el lechoso desorden
al que llaman jardín. Enigma la vida,
sostenida por la quieta compasión
y la violencia en su interior tejida

PIQUETEROS

Sentada la vieja dama
sabia construyendo sus metáforas,
a tanto costo el perfil forjado
cuando todo se desarma

¿Quién empuja ahí? Quién dice
no, a la belleza casi bajo
control. Cómoda allí, yo no
Quién trae sin tregua los rostros

sufridos, sombreados rostros
bajo sudor y fuego de hogueras
encendidas en la cruz que corta
las carreteras. Nosotros

somos, dicen, aún seremos
las gemas brillantes de lo humano
alzadas en medio del desecho
Nunca diremos sí, no

al lugar donde ahora
nos arrojan, rostros de lo humano
asaltando mi triste, casi cómodo
y suave corazón. ¡Ha

lugar!, yo soy tú, la música
gime y balbucea mas no encuentra

el metro, la imagen, las palabras
de aquello, de aquellos

que a la única noche
verdadera del alma atraviesan
El hombre que vino a la reunión
de los sin tierra, dormido

en un alero y al que
varios jovencitos prendieron fuego
Fue, un juego, dijeron, y ya nada
se refleja en el espejo,

nada de lo humano ha
quedado frente a ellos y la lágrima
del alma dentro de ellos se ha secado,
se ha perdido del torrente

¿Qué hemos hecho? ¿Somos cosas?
¿Somos sombras que atraviesan
un ecran? Humanizar el mundo
se dijo, ¿era esto?

El adiós a todo aquello
que nos hace y acompaña
¿para esto?: cante, la despedida
Ellos dicen no, sí, se sabe ahora,
dicen no, también en mí

Piqueteros, 2

Desgreñados y bellos
moviéndose en grupos
por la larga hilera
No más de dieciocho
años, impera el negro,
remeras estampadas
y vaqueros, cabezas
rasuradas o largo
pelo salvaje o alzadas
las crestas por el gel
Larguiruchos, bajos
o gorditos, mochila
al hombro, zapatillas
y kepis desafiantes
o melancólicos siempre
nuevo el viejo rocan—
roll, hermosura viva
negritos de extramuros,
metálica y erguida
siempre más, siempre así
tomando la vereda
con la birra o el tetra
entre las manos, risa,
desesperadas ganas
de vivir, tras la banda
ahora, tras los sueños
por la plata o por la patria
caerán desde el cordón

Todavía no, qué
bellos son mis valientes
de estampita, rojo
y negro va mi ruego:
que se cumpla el milagro y
lo prometo, seré
fiel: mis gauchitos Gil

Piqueteros, 3

Un collar de piedras
deshiladas, finas
y preciosas, ¿ven
sus caras?, caritas
plenas todavía,
sensitivas y con
marcas de dolor
Moneditas, ojos
que no ven al otro,
manos extendidas
a la nada, al otro
que no está aquí y tiene
sus coartadas, cree
poseer el hilo
de la joya rota,
vuelve su apatía
un saber, poder
de discurrir sobre
la patria, el mal
social incrustado
en la calle, hostil
territorio donde
viven los pequeños
príncipes ahora
presos del mal, ¿cuál?:
nuestro no estar
ante la única
joya verdadera

Niños del oscuro
abandono nuestro
No se quiere ver,
ser el diezmo amargo
qué poco es ser,
dice el espejo que
somos la limosna
o un borrón retórico
Cuando el porvenir
nos reclame cuentas,
¿qué responderemos?
—Yo no estuve allí,
solamente había
esta nada que habla

Parque Independencia

¡Salpican!
como chispas
en el sol las gotas
y es fiesta
por fin la fuente
versallesca

Fue dicho
¡y qué importa!,
la hija
de la vecina
viene a decirlo

de nuevo
Tan blanquitas
plantas de los pies,
calzones
y zapatillas
en el pasto

prolijos
y veloces
se roban
toda la dicha
de enero, la siesta

Bañándose
los grasitas,

alegre y esquivo
rumor
que sabe es poco
y es corto

aquello
que tomamos
¿importa?,
rápido, rápido!
si es intenso nadie

te quita
lo bailado
Como agua bendita
salpican
oro en la tarde
Custodian

dos níveas
artemisas,
Evitas
en los extremos
de la azul y blanca

fuente de agua
parisina,
un gorrito en una
y en otra
abrazo y ¡zás!
saltar

al sol
como un águila
los pibes
de Rosario siempre
con sus patas metidas

en la fuente

SÓLO SUDESTE AFUERA

Estoy en su susurro,

líquida melodía
se derrama entre el plata
y el verde del espacio

Estoy adentro, gota
o casa, piar solito
de un jilguero. Su llanto

o dicha o llamada
o desespero quiebra
este susurro donde

estoy como en silencio

Intensa y queda lluvia
de febrero. Talita
Kumi gime y sueña

gotas de un rumor
tan lleno y vacío
al mismo tiempo, aquí

y allá afuera. ¿Sopla
sudeste abajo? No,
porque salen los pájaros

que en los álamos veo

Ahora se despierta,
busca calor y cuna
junto a mi cuerpo. Yo

también, perra y dueña
crean intimidad. Ah,
mirá esas rositas,

esos suspiros blancos
bajo la tibia lluvia
de febrero. Adentro

gota, rumor del fuego

Secreta brota tal
felicidad, tristeza
tanta. Por la radio dicen

que expulsan a la gente
de los baños públicos
La gente exclama: "Llueve,

¿no ven?, ¿adónde iremos?"
No hay adentro. Arroyito
del monte, piar, desespero

Sólo sudeste afuera

Creación de la intimidad

Magia precaria contra la nada
o contra un exceso de donde pretende
despojarse la mirada. Una luz
entornada por el mimbre extiende
sobre la pared filigranas. Hay
pañuelos de colores, semillas, piedras
y un ramo de azucenas. Lámina
donde entro y dispongo, ¿o de mí
la escena que construyo? Ah mis primos,
pintores de Lascaux o de las cuevas
patagónicas tan cerca en la cadena.
Se dice que los Neandy, rama perdida
y no los Cro, fueron los artistas
Vale decir los tontos de la familia,
lentos demorados en mirar,
no en cazar, recolectores saliendo
del sueño hacia la lengua, mujeres casi,
empecinados por crear intimidad
Una entropía diferente midiéndose
en la escala con pavura, magnitud
de estrella en la mano que dispone,
signo para cazar al tiempo, memoria
y tumba mas esa, delicadeza
de la luz haciendo un recinto, copia
o descubrir de la mirada, cueva,
claro en el monte donde se tejen
lo creído propio con la madre ajena,
sólo un poco, hasta que la muerte llega

En las riberas opuestas del San Antonio
una brisa cepilla suave y tan profundo
la copa de los árboles. Sentada en el muelle
a mitad de la noche giro hacia una, y otra
melodía. Balanceo las manos siguiendo
su canon: me dirige esta orquesta
quién pudiera
disponer los vientos así. Me entrego
al murmullo como las hojas a la brisa,
la brisa al soplo de constelaciones en fuga,
el universo a Dios y Dios a estas manos
inocentes y torpes como la vida a la muerte,
el desfondado instante al eco
de una duración imposible
que me resta mas me deja mencionarlo,
hasta cuándo
lucharemos para ser recortados,
chispas en la ráfaga como esa estrella
fugaz, ese trozo de roca incandescente
que avanza al interior del gran auriga
y se lleva mi deseo, una nota en el concierto,
un reclamo de la vida extraviada en su temor
de ya no ser, en su mentira de creer
que su esfuerzo por alzarse en un instante
singular frente al torrente es la vida, su vida
entera. Qué bello es, sin embargo, ese trino
diferente que escucho en el rumor del día,
desgarrando la tranquila, acompasada

melodía del conjunto. Inquieta el alma
Sobresalta su reclamo y veo
un velero silencioso deslizándose
como un sueño
en la estela que lo acuna, en aquella
roca inerte al interior del gran auriga
dispuesto en la mirada y en las aspas de las manos
aunándose al concierto. *Encendamos la linterna*–
dije–, *hay un perro*. Una sombra en el camino
de la sirga
No era un perro, era un hombre, un guiñapo
a la intemperie oh Dios mío. Alumbrado
se despierta. ¿Habrá oído?: hay un perro...,
una nota descosida del concierto
una culpa un horror de la mirada
al semejante no adivina. Polvo
extraviado de las estrellas lleva
mi deseo y no veo
alumbrado el sol, un rostro humano

EL MISTERIO ES CERCA

Dicen
que debo dejar
de nombrarte, bambú,
hierbecita o cualquier
otra cosa que nimia
en mis ojos se habla

Dicen
que vuelva a lo humano
y recobre la furia,
como si hubiera acaso
dejado de ver, justo
e injusto. En lo dulce

brillan
Que deje el retablo
encantado. Soy vaca
y cordero, la madre
y los magos. El padre
también. Bajo la luz

de antes
ya nada reclamo,
ya casi, o ya todo:
pertenencia reclamo
Quiero ser partecita
como la hierba mínima

Dicen
que abierta a la sed
de hermandad inconclusa
pastorcita me hago
Doy fe. Nada no tengo
de grande, ni vergüenza

dicen
que se pierda acaso
y me importe, salvo
estos versos que llegan
solitos, de tan lejos
porque el misterio es cerca

En memoria de Denise Levertov

Nieve por ejemplo,
sobre todo anhelo.
Como pájaros que cruzan
un cielo extraño te llevan

en su sonido, hálito
quizás de la imagen,
deuda de amor con quien hizo
el más fino trazo, pluma

o zumi en el aire,
aquella punzante
ligereza del dolor
o contemplación precisa

del detalle mínimo
abierto en ecos
que parecen aves, lejos
Incisiones de tu mano,

Denise, cincelando
versos como un vaso
de cristal que suena, hondo
bajo el frote de los dedos

Cincelado en mí,
te llevo, la ríspida

turbulencia de la vida
puede menos, la palabra

más, nieve o anhelo,
y haberme enseñado
a dejar casa segura
para sostener el rostro

del otro, y así el propio

Una cuestión de amor

Belleza del hueso
en la oblonga y pequeña
calavera que ahora
en mi mesa descansa

Llegó en la marea
¿Comadreja fue acaso?
Hociquito peludo
y hondos ojos que hoy

son dos huecos. Aun
así es marfil precioso
y noble hasta su fin
resiste la materia

Refrán vuelto axioma:
¿justifican los medios
el fin? ¿Tránsito somos
zarigüeyita hermana?,

o soplo divino
encarnando siempre un
sortilegio: el alma
que inicia su tarea

Hacer de la vida
conciencia y honrarte,

materia nuestra, verbo
en la rueda, memoria

Ser o no ser es
una cuestión de amor
alzada en el presente
y así en el recuerdo

Evoco una noche
de invierno hace años:
tus ojos, ovillada
en la mesa del porche

Nos dijimos sí,
y persiste la alianza
La muerte no alcanza
un lazo de amor

Las aguas verdes del río Wang

En lo separado se alza
todo vínculo posible,
puente donde la mirada
posa, anhelo de unirse

en lo mirado que es siempre
singular y siempre herida
incompleta hacia lo otro
Así los ojos, amigo Wei,

abiertos a lo furtivo
y bello del mundo saben
que todo escapa, vacío
si no afina el alma ese puente

de lo entero, el acento
de amor que nada espera
siendo, en brazos del sauce,
la torcaza o Juan o Estela

o aquello por el deseo
llamado y en el instante
disuelto o mejor, asido
a lo entero, yo del vos

en la rueda santa, sea,
aunque parezca a veces

nuestra desgracia, no obstante
repetimos esta escena

de tan prístina presencia,
humo, niebla y las aguas
verdes del río Wang o éstas
leonadas del Paraná,

una luz en el vacío
donde las formas, la tierna
hermosura de las formas
se alza. Frontera del júbilo

interior y la tristeza
donde sólo se conforma
y siempre, aun por ausencia
alude a los otros, dicha

o desgracia. Oh Wei, dos mil
trescientos años nos separan
y estás allí, tan cercano
en mirada y en palabras

Paradoja de lo humano,
vidas nuestras tan fugaces
y tan extensas, sólo en
vos, sólo en mí, de vos a

mí, viendo la grandeza
de lo ínfimo, la chispa
amigo Wei, gracias por
traerme a miles de almas

diferentes y cercanas
nombrándose en la nostalgia
sagrada de lo viviente

EN LA JOYERÍA DE LA CARNE

La sombra de dolor no cede,
la ola es ola en turbulencia
con el aire y el tranquilo
fondo del mar no la sosiega

Tierno lo que vive encerrado
en su vestido porque cambia,
se vuelve de sí inapresable
Ah, déjanos, un poco más
aquí. Déjame seguir, ser

cazadora del resplandor
asido al límite y siempre
excedido de él. Déjame en
la joyería de la carne
y del verde, en la seda
de los pétalos y las alas,

alimentada y acosada
por el fuego, la tierra el aire
y el agua. Déjame creer
que instante y duración
no se separan y alguien canta
eternamente esta belleza
Déjame creer que yo lo hago

hasta que ceda mi lugar
con bienaventuranza, hasta

desear partir, no antes, o enséñame
la larga despedida y pueda
así yo entonces alabarla
alabándote con mis manos

y si las manos me faltaran
alabándote con los pies,
y si me faltaran los pies
alabándote con el alma,
y si el alma me faltara

no sería yo ni la sombra
del dolor que dice: déjame,
sino la pura muda gracia
del silencio que canta en vos

POR SER CERRADA Y SER ABIERTA

¿A dónde vamos?
Ahora es siempre
y el tiempo sólo
compasión que abrocha,
sólo para otros
y el instante centrado
en mí se abre siendo
Recoge en la abertura
este amor posible
por haber sido
previamente lo otro,
contemplado en esa
superficie lejana
de sus formas,
centrada en sí cada
cosa tan perfecta
por ser cerrada y ser
abierta en perpetua
transformación
Nos une y nos aleja,
movimiento de amor
Y el tiempo la ilusión
creadora, la imagen
vuelta compasión, ya
no la muerte sino
lo que nos deja
fijar los límites
de las formas, ver

lo centrado en sí,
cada instante guardar
memoria en el fluir
indetenible donde
soy. Cerrada
la abertura decirle
sí, te amo
siendo otro y siendo
en el fondo abierto
lo mismo, vos y yo
Sos mi puerta, bajo
con vos hermano
sapo, hermanita
humana en rueda
de dolor
Tu cáncer lamo y
lamo tu herida, bajo
con vos. ¿A dónde
vamos? A lo que somos
siempre siendo
nuevos, expresando
una belleza
que se define
porque se pierde. Espacio,
coma, punto y
seguido, nunca
punto final

Agua que va

Si la gota de amor no toca
deja la frase de ser
agua que va. Agüita fresca
de los sentimientos que día
a día pasan por la prueba:
a favor de otros será
a favor de mí. Sintonía
en el corazón centrada
Lo único del otro avala
lo único en mí. El resto
es la gracia común que hace
y deshace nuestra razón
de ser. Si la gota de amor
te roza, seda del tesoro
libre y al alcance siempre,
cubre al instante de regia
plenitud y al tiempo vuelve
no el cazador que acosa
sino el descanso del trabajo
hecho, el *mérito*. Algo
que nuestra pequeña valija
lleva y es cántaro a llenarse
del agua fresca. Se derrama
así en la frase y nada queda,
que importe, más que la gota
de interminable presencia,
aquel cristal donde podemos
ver el rostro del otro y ver

el propio, colmado de igual
humanidad. Amigas mías,
así lo creo, aunque parezca
una renuncia loca o cómoda
veladura de aquel horror
que provoca la puerta abierta
al vacío, abismo donde
habremos de lanzarnos sin
coraza, tanto la hormiga y
la jirafa, todas las formas
disueltas menos la gota
cargada de amor mirando
lo que ha visto, lo diferente,
turbulenta imagen que marca
su belleza en la memoria
del gran río transformado
ahora para siempre

Arracimados una veintena de corderos,
qué bueno, íntima y amable la manera
Capillita de madera. Tiene el cura
un discurso modesto y doméstico, ¿qué
nos recuerda?: nuestro triunfo sobre la muerte,
la vida eterna. Una leyenda antigua, dice,
fue la Virgen la primera, las escrituras
no, la leyenda, y que Pedro no lo vio
aunque entró primero, pero Juan el tonto,
el pequeño más allá de la razón
sus ojos enseguida vieron. En la gracia
de la Eucaristía, pan y vino, en el vacío
orlado por la forma, en mi memoria
que el amor los reúna mis corderos, dijo Él,
y su agua diáfana lavó el horror del dolor,
la brutalidad y el madero. Qué bueno
llorar bajo el titilar de las velas, qué dulce
y manso el humano corazón resurrecto

Comamos y bebamos

La piedra del amor,
la que hace centro en la vida
y el corazón, no estuvo
allí. Grande fue el deseo
o no, o no se pudo

elegir o no se supo
discernir. En cenizas
del ardido vestido
descansar. O necesario
el dolor de esa herida,

el vacío, modelo
que se ha venido a probar
para alzarla, pequeña
figura vulnerada,
abierta al mundo y a solas

para sí. ¿Es la gota
de amor que a la frase roza?
Gota de emoción que vuelve
a la frase tensa y tersa,
líquida melodía

que a veces canta al fin
Necesario lo lleno
y lo vacío, y dónde

lo sabe cada quien
O no lo sabe, se hace

en algún lugar oculto
a su mirada. Grieta
que cree quiere llenar
sin darse cuenta que hace
el hueco, la vacía

para las aguas de aquella
melodía, y troca
así su dolor en gracia
Vivimos nuestra propia
muerte. Nos forma aquello

que nos agosta. Quedar
con hambre ante el banquete
y celebrarlo es rasgo
de lo lírico. Lleno
allí, y lo vacío dentro

Lo visto y lo siempre
oculto a la mirada
Comamos y bebamos
lo que no está porque es
centro es lo que está

ÚLTIMOS VERSOS DE POETAS JAPONESES

Oh paradoja
¿o analogía?
sus poemas de la muerte
son acopios intensos
de vida. Escritos
no como tema,

sino en auténtica
despedida, ahora
fuera, el espacio no,
en tiempo dibujados,
la aspiración
real parece

desear tejer
broche y aliento
final y acompañarse
al más allá o acá
de vuelta a casa
de la infancia

Una comarca
hecha de rocío,

qué hermosas al oeste
vienen, nubes de nieve,
no la sorpresa
frente a la muerte

sino aquélla
que dio la vida
en su duración. Una
nostalgia deshaciéndose,
y bienvenida:
lo contemplado

vivirá siempre
Dijo Chiyoni
muerta en el octavo
día del mes noveno,
mil setecientos
setenta y cinco:

...y ahora, mundo,
sinceramente
tuya... kashiku kana

ROSA BRAVÍA

Soy tu cordero, ¿qué debo
hacer?, qué puedo siendo
lo que soy. La vocecita

siempre dice *deshaciendo*
Brilla el aura de lo hecho
en el vacío pleno

¿Se es así en el fluir
y el fluir sabe lo que yo
no siento? Hágase tu voluntad

aunque no lo sepa quizás
es mía también. Oh Pastor,
me llevas a los dorados

campos o me llevás
al matadero? Ambos sí,
si no giro el corazón

seguiré sintiendo que
lo más amado de mí
es lo que debe morir

Lo del todo vuelve
al nido y lo único
también. Que yo te cante

rosa bravía del monte,
mirlito negro ¿hace
la diferencia? Somos

medio y somos fin?
Tócame donde la mente
no alcanza, donde sólo

la gracia dice ahora
es eterno, la alegría
sin fin sabiendo

para qué o no
sabiendo ya nada
en la plenitud del ser

Tomo y obligo

No renunciaré, no,
a nombrar esta belleza
cuando esté sostenida con el corazón,
cuando tenga la certeza
de que no es un ornamento
o instrumento para hablar sólo de lo humano
o de mí. El camino
que intersecta, cruz de amor
donde se encuentra lo viviente. Por lo que es
y sé, y no sé y no sólo
aquello que le otorgo
Lo singular de mi conciencia no me arroga
privilegios de saber,
dictamen sobre el otro
y disponer como si acaso no existiera
tanto, tanto como yo
en el concierto. Enigma
transparente, retablo del edén. Francisco
y Juan lo hicieron, tomo y
obligo. Fe al impulso
sostenido que en los versos hace un nido,
decirle no, ah error
consumado de la artista
Estar atenta, ser más fina cuando el rostro
de otro humano en su
belleza y su desdicha
se perfila aquí, en desamparo, es ese
su poder, como lo es

la trémula voz que en verso
teje la bienvenida, entre vos y yo

Vía Crucis

Lluviecita fina
sobre el verde
donde mora
oro y rojo en ciernes

Un murmullo en siena
se despliega
en el jardín. Sábado
santo de la vida,
sólo unas horas
te separan,
te destinan
a la otra bendición

En cada cosa
viviente la entrada
del tiempo el otoño
señala. Algo se va
para siempre y algo
se renueva. Altarcitos
dispersos, contemplarlas
es rezar ante ellas

Descender a aquel
dolor inmenso:
la muerte a solas
por la mano derecha
de Dios dejados,

pero la izquierda
quizás, del otro lado
nos alce como la copa,
cáliz de renovación
perpetua

La muerte avanza prometiéndonos

Tomado por la luz el día,
claro, cavado en la sombra
primaveral. Bajo la brisa
que al oeste hace
latir al *bienvenido* se oye
a los pájaros dichosos
salpicando el monte en el vacío
lleno, en el silencio vivo
del día. La materia
es pesada dicen, cómo
podría, pura filigrana
de forma y gracia, torbellino
donde al espíritu se halla,
y el tiempo, su aspecto,
con ella todo lo disuelve
y lo rehace al mismo tiempo
Corazón y renacer
debieran ser palabras santas
cuyo eco nos acompañe
siempre, presencia y talismán
de ausencia cuando el sueño
vence al mundo y pareciera
que la muerte avanza prometiéndonos
un tejido aún más fino,
más sutil la vez próxima
y acierto y error otra vez
en mí, en vida y en otra
vida no de mí, pero yo

de ella sí en la memoria
infinita de lo viviente
Come de mí, mundo, Dios, soy
sentido en el sentido, bella
en la hermosura del instante
y del devenir. Leña dura
quemándose en el fuego y leña
de aire del bambú que late
Cada quien afina en la brisa
su figura, atraviesa
el accidente para ser,
una y otra vez, diferente
en el retablo del edén,
creciendo hacia la dicha
de ser sólo para ser,
sentido, rumor engastado
en el silencio y el vacío,
sincronía del yo presente
y perdido, y para qué
y por qué, no sé, mas debe
estar afuera la respuesta
de toda idea, en la dulzura
que a veces siente el corazón

El Cordero nuevo

> *En su oración final el moribundo*
> *deja de decir* ayúdame *para decir* gracias.
> Del *Bardo Todol*

> *Cuando se muere la carne*
> *el alma busca su centro*
> *en el brillo de una rosa*
> *o de un pececito nuevo*
> Violeta Parra

Cargando su cruz primero
en el largo Gólgota del cuerpo
mi padre dijo "¿Por qué
hay que sufrir tanto –me has
abandonado– para morir?"

Mis brazos fueron su madero
en la camilla de hospital
donde la sangre derramaba
Sometido a las leyes del blanco
carnicero, herr doktor, fräulein caba,
aparatos y enfermeras
y el sol de marzo cayendo dulce
tras las ventanas. Un hombre

viejo a quien se trata
como a un niño que molesta
Desobedecer su derecho

en la hora última, no dejarlo
partir desnudo y digno
bajo la sombra de su casa
Te pido perdón, mi cordero

¿Pietà, Pilatos o Pedro he sido
sosteniéndote en mis brazos?,
dolor y miedo me hicieron
traicionarte, puesto a merced
de centuriones aguijoneando
tu cuerpo hasta la muerte
Quise retenerte y luego quise
dejarte ir

Hora tras hora recé en silencio,
mecí tu cuna diciendo no
tengas miedo, todo
está bien, dejate ir, menos
las horas últimas,
en exilio y solo, fría
luz de neón sobre tu rostro

Entubado y amarrado
Tus heladas manos y los pies
inmóviles en la cruz,
el mecánico gemido
del respirador y la *melena*
siguiéndonos
como una estela funesta

Solo, apenas una hora
junto a vos, inerte en las últimas

veinticuatro. El matadero
de terapia logró acallarte.
Tu demanda "quiero sentarme",
tu demanda "¿por qué?" y el alma
dónde, rondando, buscando
la salida hacia esa luz

que deseo estuviera
para vos, llamándote,
lo que no escuché, la ausencia
que me sigue, lo que no
escuché: "gracias"

Envuelto en sangre decías
"qué vergüenza" y dejé
que te hurgaran las entrañas,
no custodié tu vida yéndose
en sangre hacia tu muerte,
no le dije no, fräulein doktor
¿para retenerte?, por acortar
la escena del dolor y otros

se encargaran de tu muerte?
Te he negado, he negado tu deseo
de morir en casa entre los lares
conocidos. Tu cara de niño,
de cordero degollado
entre las manos de los médicos
No fui tras de vos, no te acuné

en los instantes lúcidos del fin
Los dejé, hacer. Tu muerte

comunicada por extraños,
ajetreo en los pasillos
decírselo a mamá
cavada como sombra
en los sótanos del hospital

Ese hombre dulce y manso
con tanto miedo en su final. Tanto
dolor, tanto miedo tanto frío
alrededor. Ser el brazo
funcional que actúa. Mamá
abrazando tu cadáver dice
"me esperó, sentí su último

aliento" ¿y tu alma? El sonido
del respirador ya cesa,
ser el brazo funcional
que actúa, el viejo cura
con su sotana negra ¿bendijo
tu partida? Bendijo la cabeza
de la esposa del cordero
Ella me dio la bolsa

con tu ropita dentro, lista
para llevarte a casa, vivo
o muerto en el ataúd de cedro
Ponerte los pantalones,
las medias, los pies hermosos
de un hombre joven. Atender
los negocios de tu muerte,

este ataúd, no, éste, arréglelo

bien. Cara amoratada por la venda
que sostuvo el caño
respirador entre tus labios,
que no te dejara hablar no
te dejó decir aquel "¿por qué?",
o aquel "gracias" que mis noches

inventan ¿y tu alma? Ser el brazo
ejecutor, ser el padre
que sostiene, no llorar,
la invisible viga, la promesa
de cuidar

El acto magno de una vida:
velar. Vodevil de pueblo
y pathos de la tragedia
Las flores que sofocan, café,
tener hambre, tener sueño,
conversaciones en las tinieblas y ser
un noble, lo sé, así lo hubieras hecho

Los yuyitos brillan vivos
tras las ventanas, deseos
de terminar. Los otros
necesarios del afecto
necesarios en la escena
de frontera: declararte
muerto, honrarte con frases
automáticas, el vía crucis

de los deudos Padre nuestro,
los pasos tras el féretro, última

caminata con nosotros,
las campanas que repican, *tan*,
lento, a vacío, *tan*,
a corazón partido. Y el dulce
cementerio somnoliento
del domingo tardío

Mamá que dice "enterrarlo
junto a la madre no, no quiero
devolvérselo". No puedo
despedirme y huyo. Tanto
sol tanta belleza la semana
siguiente a tu partida. En cada
atardecer salí a buscarte

por el campo, la oración dulcísima
del llano. Y no te hallé
Dije "gracias", a vos, por vos
por mí. Y a la semana
de tu muerte fui al cementerio,
saludé a tu madre, a tu padre,
a tus hermanos y parientes

Lloré en la tumba de la abuela
En la tuya, no lloré. No pude
despedirme. Te dejé,
pegadito al ataúd, semillas
de araucaria. Todo empieza. Amén

Alma salvaje

La tierra como una boca de jaguar se abre
y allí desciende a través del aire lo que muere,
materia delicada, cosas, como ramas,
los últimos pétalos y las hojas doradas
de los grandes robles, rojo por un instante,
siena, y la fragancia de la resaca antes
de volverse polvo, madre, como una boca
de jaguar abriéndose tan gentil y suave
por debajo de las humaredas, los fuegos
otoñales y las nieblas, el olor dulcísimo
y la fiesta de matices que acompaña
su descenso. En el vértice de mayo se parecen
amantes abrazadas la vida y la muerte
Lo que es del fuego, lo que es del agua y del aire
descansa, en los brazos amorosos de la mapu
Salto y sueño hacia el vacío del invierno,
armónico acorde sostenido, vientre y luz
de infinitas mutaciones sucesivas,
invisibles, hacia el esplendor visible
de aquella melodía que vestirá las formas
La edad dorada se roza en la juntura
de lo que cae y lo que nace. Escucha,
tú, alma salvaje, así, trama cerrada

¡Ah!

Dignas rotundas vivas las cosas
que nombramos resguardando
el pronombre santo del rey. Sí,
ya sé, ornato en la sintaxis
suelen ser. Ir hondo es ir claro
Acecha el ojo del amor
la turbia forma que aparece
borrosa porque no se detiene
La menciona a su antojo, abalorio
en la red del imperio y exceso
de sentimiento. O es metáfora
en el espejo, hechizo y resaca
de su monótono discurrir,
pico de oro del monarca. Sí,
ya sé, no hagas lo que hacen, dicen
mejor, es su hallazgo en la cadena,
mas las cosas enuncian hambre y
sed, gloria, demanda del ser y un
gracias rotundo en el instante,
acto, eternidad ganada fuera
de la melancólica migaja
Cuántas veces dije rosa, erguida
la de mayo en su corona blanca
que envejece y se vuelve roja,
la mirada furtiva que basta
para ornar un rincón en la estola
del rey. ¿Y ese que canta? Error:
es un biguá sobre una rama,

fuera del río, fuera del marco
me desconcierta como la reina
donde no hay tablero. Entregarse
es decir ¡ah!, o no decir nada

"Buen día..."

"Buen día..., por decir algo...", la vecina
dice, en la gris y húmeda mañana
que vaticina con su quietud la lluvia
Melodiosa, íntima su voz y contesto
afable en la misma nota. ¿Ella alude
sin embargo a que algo no es perfecto
en este instante? "Sí", le digo, perdida
en la opaca transparencia mientras miro
o casi soy, parte del retablo en celo
naciente de la primavera que todo
llena dejando aún, aquel vacío
delicioso, aquella ausencia del sol
en la mañana que ahora se dispone
a su llovizna. Belleza del acento
que siempre gana, el cómo, no el qué
marca nuestro paisaje, dicha o dolor
de días extraordinarios. Entonces,
las tacuaritas se persiguen, chispean
como el sol sus sonidos entre los ramos
del duraznillo vacío y lleno y quieto
que los contiene por un momento y nada

rompe su perfección de estar allí,
quebrando la frontera del invierno
hacia el bordado tenue de la naciente
primavera. "Buen día..., sí...", se contesta

ÍNDICE